BEI GRIN MACHT SICH IHR WISSEN BEZAHLT

AF149506

- Wir veröffentlichen Ihre Hausarbeit, Bachelor- und Masterarbeit

- Ihr eigenes eBook und Buch - weltweit in allen wichtigen Shops

- Verdienen Sie an jedem Verkauf

Jetzt bei www.GRIN.com hochladen und kostenlos publizieren

Künstliche Intelligenz braucht Ethik. Die Untersuchung der Rolle von Standards

Julian Sternitzke

Bibliografische Information der Deutschen Nationalbibliothek:

Die Deutsche Nationalbibliothek verzeichnet diese Publikation in der Deutschen Nationalbibliografie; detaillierte bibliografische Daten sind im Internet über http://dnb.d-nb.de abrufbar.

ISBN: 9783346962980
Dieses Buch ist auch als E-Book erhältlich.

© GRIN Publishing GmbH
Trappentreustraße 1
80339 München

Druck und Bindung: Books on Demand GmbH, Norderstedt Germany
Gedruckt auf säurefreiem Papier aus verantwortungsvollen Quellen

Das Buch bei GRIN: https://www.grin.com/document/1413755

Julian Sternitzke

Digital Management

Eine Analyse der sich durch die Digitalisierung verändernden Ziele und Funktionen des Controllings

Assignment im Modul DML88

Abgabedatum: 16.08.2023

Inhaltsverzeichnis

1. Einleitung

1.1. Zielsetzung der Arbeit

Vor dem Hintergrund der Digitalisierung sind Unternehmen einem stetigen Innovationsdruck unterworfen, der sich auf deren Geschäftsmodelle, Produkte und Prozesse auswirkt. Big Data, Industrie 4.0 und Künstliche Intelligenz (KI) sind wichtige Einflussgrößen in diesem Kontext (vgl. Abée, Andrae, und Schlemminger 2020, S. 1). Vor diesem Hintergrund verändern sich auch die Kompetenzprofile vieler Arbeitnehmer[1]: während sich Automatisierung lange Zeit auf den Einsatz von Industrierobotern für manuelle Arbeitsschritte beschränkte, können inzwischen auch einfache, regelbasierte IT-Prozesse durch Robotic Process Automation (RPA) automatisiert werden (vgl. Georgopoulos und Georg 2021, S. 7-8). Einer Studie der OECD aus dem Jahr 2019 zufolge könnten innerhalb der nächsten zwei Jahrzehnte 14% der Berufsbilder durch die Auswirkungen der Automation verschwinden, während weitere 32% einem massiven Wandel unterlegen sein werden (OECD 2019, S. 25). Der zunehmende Einsatz von KI eröffnet derweil neue Wege zur Automatisierung bzw. Optimierung komplexer Aufgaben und dringt damit zunehmend in den Aufgabenbereich hochqualifizierter Arbeitnehmer vor. Als aktuelle Entwicklung sei hier ChatGPT als Vertreter leistungsfähiger und einfach zugänglicher Large Language Models genannt, mit denen beispielsweise Aufgaben aus den Bereichen Content Creation, dem Schreiben und Debuggen von Code oder der **Datenanalyse** schnell und effizient von KI erledigt werden können (Grosdidier 2023). Die genauen Auswirkungen dieser Entwicklung auf den Arbeitsmarkt sind derzeit noch ungewiss, jedoch werden hochqualifizierte Arbeitnehmer am ehesten davon betroffen sein. Dabei besteht weniger die Gefahr von Stellenabbau durch Rationalisierung, als eher die Ergänzung klassischer Kompetenzprofile durch den Einsatz neuer Technologien (Webb 2020, S. 45-46). Auf das Controlling als datengetriebene Steuerungsfunktion des Unternehmens wirken sich die Veränderungen der Geschäftsmodelle und Unternehmensprozesse in besonderem Maße aus. Das vorliegende Assignment hat deshalb zum Ziel, die Auswirkungen der Digitalisierung auf diese Unternehmensfunktion zu erörtern und aufzuzeigen, wie sich das Kompetenzprofil des Controllers unter diesen Bedingungen verändern muss, um den neuen Anforderungen gerecht zu werden.

1.2. Aufbau der Arbeit

Das Assignment ist in 4 Kapitel gegliedert. Auf die Einführung in die Fragestellung in Kapitel 1 folgt der Hauptteil mit den Kapiteln 2 und 3. Kapitel 2 bietet eine Definition des Begriffes

---

[1] Zur besseren Lesbarkeit wird in diesem Assignment das generische Maskulinum verwendet. Die in dieser Arbeit verwendeten Personenbezeichnungen beziehen sich – sofern nicht anders kenntlich gemacht – auf alle Geschlechter.

Controlling, gibt eine Übersicht über dessen Kernaufgaben im Unternehmen und beschreibt Aufgaben sowie Kompetenzprofil des Controllers in diesem Kontext als Grundlage für die weitere Bearbeitung der zentralen Fragestellung. In Kapitel 3 wird der Begriff der Digitalisierung konkretisiert und deren Auswirkungen auf Wirtschaft und Unternehmen im Allgemeinen und das Controlling im Speziellen aufgezeigt. Aufbauend auf diesen neuen Anforderungen an den Wesenskern des Controllings wird die nötige Weiterentwicklung des Controllers in Hinblick auf Tätigkeiten und Kompetenzen beleuchtet. Die Arbeit endet mit einem Fazit in Kapitel 4, in dem die Ergebnisse zusammengefasst und mögliche, zukünftige Entwicklungen im Ansatz beleuchtet werden.

2. Wesenskern des Controllings

2.1. Definition

Mit „Controlling" (aus dem Englischen: to control = steuern, kontrollieren) wird eine Teildisziplin der Wirtschaftswissenschaften bezeichnet, die sich mit Planungs-, Kontroll- und Steuerungsaufgaben im Unternehmen befasst. Die International Group of Controlling definiert Controlling als „de[n] gesamte[n] Prozeß [sic] der Zielfestlegung, der Planung und der Steuerung im finanz- und im leistungswirtschaftlichen Bereich", der die Zusammenarbeit von Managern und Controllern erfordert (Bleiber o. J.). Durch die Konsolidierung und Aufbereitung von Unternehmensdaten (insbesondere den Daten des Rechnungswesens) schafft das Controlling Transparenz über die wirtschaftliche Leistungsfähigkeit eines Unternehmens und befähigt damit die Unternehmungsführung, evidenzbasierte Entscheidungen treffen zu können. Da sowohl auf internationaler Ebene als auch zwischen unterschiedlichen Industrien und Unternehmensgrößen abweichende Ansichten über die Aufgaben und Anforderungen an die Konzeption und das Instrumentarium des Controllings bestehen, existiert darüber hinaus jedoch keine abschließende und rechtsverbindliche Definition des Begriffs (vgl. Binder 2022, S. 17; Hubert 2019, S. 1; Weber o. J.).

2.2. Aufgaben des Controllings

Mit der Definition im vorherigen Kapitel wurden bereits die drei Kernaufgaben des Controllings genannt, die sich in allen gängigen Controlling-Konzeptionen wiederfinden lassen: **Planung, Kontrolle** und **Steuerung bzw. Koordination**. Vereinfacht kann festgehalten werden, dass das Controlling die Aufgabe hat, die Unternehmensziele festzulegen, den wirtschaftlichen Ist-Zustand des Unternehmens anhand von Daten (des externen Rechnungswesens) zu bestimmen, eventuelle

Abweichungen zwischen Plan- und Istzustand zu ermitteln, die Ursachen für die Abweichungen zu identifizieren und schließlich interne Maßnahmen einzuleiten, um diese Ursachen zu beseitigen und so den Plan-Zustand zu erreichen. Entsprechend dieser selbstregulierenden Eigenschaften kann das Controlling als kybernetisches System im Sinne der betriebswirtschaftlichen Systemtheorie bezeichnet werden (vgl. Obermaier und Grottke 2019, S. 724). Das Fundament dieser Aufgaben bildet die **Informationsbeschaffung und -verarbeitung** (vgl. Wullenkord 2018, S. 130), während das **Berichtswesen bzw. Reporting** als Ergebnis des Controllings als Grundlage für die Entscheidungsfindung durch das Management dient (vgl. Hubert 2019, S. 2). Controlling schlägt damit eine Brücke zwischen „dem kaufmännischen Rechnungswesen und den Prozessen aus dem Business" (Goerke und Seif 2019).

2.3.   Der Controller

Wie in Kapitel 2.1 erwähnt, sind bei der Umsetzung eines effektiven Controllings im klassischen Sinne zwei Rollen beteiligt: das Management, das die Unternehmensziele bestimmt und der Controller, der die relevanten Zahlen erhebt, aufarbeitet und an das Management zur Entscheidungsfindung kommuniziert. Das Profil des Controllers entspricht nach dieser Konzeption dem eines auf „Kostenplanung und -steuerung fokussierten Zahlenlieferanten" (Koch und Storm 2020), der Spezialist auf dem Gebiet des Rechnungswesens ist (vgl. Behringer 2018, S. 3), jedoch selbst keine Entscheidungsbefugnis besitzt (vgl. Bleiber 2022, S. 13-14). Controller sind somit „ökonomisches Gewissen" (Schäffer und Weber 2018) des Unternehmens, mit dem Auftrag, die Wirtschaftlichkeit des Unternehmens zu überwachen und zu optimieren.

Um den Beruf des Controllers ausüben zu können, muss der Controller ausgeprägte Kenntnisse im Rechnungswesen und dem Umgang mit gängigen Controlling-Werkzeugen und -Techniken vorweisen können, weswegen ein Betriebswirtschaftliches Studium oder zumindest eine kaufmännische Ausbildung mit einer entsprechenden Fortbildung vorausgesetzt wird. Auf überfachlicher Ebene werden dem Controller eine lösungsorientierte und analytische Denkweise sowie Durchsetzungsvermögen abverlangt. Da IT-Systeme das Rückgrat moderner Unternehmen darstellen und deren Einsatz alle Bereiche durchdringt, sind fundierte Kenntnisse im Umgang mit allgemeinen und unternehmensspezifischen IT-Anwendungen für den Controller ebenfalls von zentraler Bedeutung (vgl. Behringer 2018, S. 15-16; „Controlling - mehr als Kontrolle" 2023). Darüber hinaus hat das Selbstverständnis des Controllers in den letzten Jahren eine Wandlung vollzogen; der Rolle des „Erbsenzähler[s] oder Zahlenknecht[s]" (Behringer 2018, S. 16) entwachsen, fungiert der Controller mehr und mehr als Business-Partner des Managements (vgl. ICV 2013). Diese Funktion als Berater auf Augenhöhe mit dem Management erfordert vom Controller zusätzlich ein fundiertes Verständnis des Unternehmens und der Branche, der Geschäftsprozesse sowie umfangreiche Softskills wie soziale Kompetenz, Team- und Kommunikationsfähigkeit (vgl. Weber 2018).

3. Controlling im Zeitalter der Digitalisierung

3.1. Definition Digitalisierung

Hess definiert „Digitalisierung" als „die Einführung neuer, auf digitalen Technologien basierender Lösungen" (2022, S. 20). Dabei ist die ursprüngliche, technische Bedeutung – Überführung analoger in digitale Daten – weitestgehend in den Hintergrund gerückt (ebd.). Gleichzeitig wird Digitalisierung meist unscharf als Oberbegriff oder auch Synonym für verwandte Themen wie „Digitale Transformation" und „Industrie 4.0" verwendet (vgl. Langes und Boes o. J.). Zwar herrschen zwischen den Begriffen Überschneidungen, die „digitale Transformation" ist jedoch von der Digitalisierung abzugrenzen: während die Digitalisierung lediglich die Einführung neuer Technologien bezeichnet, versteht man unter digitaler Transformation den durch Digitalisierung hervorgerufenen Wandel von Gesellschaft und Wirtschaft. Im Unternehmenskontext wird hier insbesondere der Wandel von Prozessen, Produkten, Geschäftsmodellen und unternehmerischen Konzepten bezeichnet. Die Digitalisierung ist folglich als Voraussetzung für die digitale Transformation anzusehen. Industrie 4.0 kann wiederum als spezifische Ausprägung der digitalen Transformation und der Digitalisierung verstanden werden: man bezeichnet damit die zunehmende Vernetzung von Unternehmen (beispielsweise die Integration von Kunden und Lieferanten in eigene Unternehmensprozesse) sowie von Produktionsmitteln wie Maschinen und Robotern als auch technischer Endgeräte wie Tablets, Smartphones und Smartwatches untereinander und dem Internet (vgl. Hess 2022, S. 23-24; Bendel o. J.). Tragende Säulen dieses Konzepts sind „cyberphysical systems (CPS), Internet of Things (IoT), Internet of Services (IoS), system integration and big data analysis (Big Data)" (Zahoran und Zizlavsky 2021, S. 124-125).

Wo der Kontext es zulässt, wird der Oberbegriff „Digitalisierung" im weiteren Verlauf der Arbeit verwendet.

3.2. Zielbild des Digital Controlling

In der heutigen, datengetriebenen Welt gilt „Information [..] als die strategische Ressource des 21. Jahrhunderts" (Seufert u. a. 2019). Es ist deshalb selbstverständlich, dass die Digitalisierung eine erhebliche transformative Kraft auf das Unternehmen im Allgemeinen und das Controlling als datengetrieben Unternehmensfunktion im Speziellen ausübt (vgl. Hastenteufel, Schuster, und Kiszka 2022, S. 1). Dieser Anpassungsdruck der Digitalisierung kann dabei auf zwei primäre Aufgabenfelder für das Controlling heruntergebrochen werden:

o   die Adaption neuer Geschäftsmodelle (z.b. E-Commerce, Plattformökonomie), Produkte und Absatzkanäle (z.b. Online-Marketing, Social-Media-Marketing) und damit verbundene (technologische) Veränderungen in den Fachabteilungen erfordern ein „Controlling der Digitalisierung" (vgl. Keimer und Egle 2020b, S. 4; Mödritscher und Wall 2022, S. 43)

o   um den neuen Rahmenbedingungen gerecht zu werden, müssen Prozesse und Methoden des Controllings in einem ganzheitlichen Konzept der Finanzabteilung ebenfalls digitalisiert werden (vgl. Nasca, Munck, und Gleich 2019).

3.2.1. Controlling der Digitalisierung

Durch die Digitalisierung haben sich die Rahmenbedingungen für Unternehmen grundlegend verändert: wo früher Stabilität, Linearität und Klarheit herrschten, müssen Unternehmensstrategien heute auf ein unsicheres und volatiles Marktumfeld ausgerichtet werden, das von einer hohen Komplexität und mitunter unklaren Wirkungsbeziehungen geprägt ist; man spricht vom VUCA-Umfeld (VUCA: Volatility, Uncertainty, Complexity, Ambiguity). (vgl. Mayr 2022, S.103). Das Controlling sieht sich unter diesen veränderten Randbedingungen mit neuen Herausforderungen in Bezug auf die Unternehmenssteuerung, Planung und Kontrolle konfrontiert. Haupttreiber der gestiegenen Komplexität im Unternehmenskontext sind die Auswirkungen der „Industrie 4.0": moderne Unternehmen nutzen die technischen Möglichkeiten der Digitalisierung, um sich zunehmend horizontal (mit Zulieferern und Kunden) und vertikal (von Fertigung bis Management) in Cyber-physischen Systemen zu vernetzen (vgl. Goerke und Seif 2019). Dabei rücken sowohl die transformierten Wertschöpfungsprozesse als auch die neuen Geschäftsmodelle mitsamt deren Produkten und Dienstleistungen in den Fokus des Controllings (vgl. Obermaier und Grottke 2019, S. 728).

Ausgehend von den Kernaufgaben des Controllings und unter dem Gesichtspunkt der Wirtschaftlichkeit lassen sich in Bezug auf die Wertschöpfungsprozesse folgende Aufgaben für das Controlling ableiten:

- o Um die Wertschöpfungspotenziale der Digitalisierung zu heben, muss das Controlling dafür Sorge tragen, dass die Digitalisierung der Prozesse im Unternehmen durch setzen entsprechender strategischer Ziele vorangetrieben wird (vgl. Keimer und Egle 2020b, S. 2)
- o Um Steuerungs- und Kontrollaufgaben wahrnehmen zu können, muss das Controlling in die Lage versetzt werden, den Ist-Zustand des Digitalisierungsgrads messen, Abweichungen erkennen und entsprechende Gegenmaßnahmen ergreifen zu können (vgl. Obermaier und Grottke 2019, S. 730)
- o Für die Steuerung und ökonomische Bewertung der Prozessinnovationen muss ein geeignetes Instrumentarium entwickelt werden, das sowohl qualitative Effekte wie z.B. Wettbewerbsvorteile als auch quantitative Faktoren wie Kosteneinsparungen mit einbezieht (vgl. Obermaier 2022, S. 81-83)

Hinsichtlich des Geschäftsmodells, der Produkte und Dienstleistungen des Unternehmens eröffnet sich durch das „Internet of Things" (Maschine-zu-Maschine-Vernetzung) und das „Internet of Everything" (Mensch-Maschine-Vernetzung) eine zusätzliche Komplexitätsebene.

„Smarte" Produkte sind neben den Grundfunktionen zusätzlich mit Embedded Systems ausgestattet und verfügen über Netzwerkkomponenten, die die Kommunikation mit dem Internet oder anderen smarten Geräten ermöglichen. Den Unternehmen bietet sich daher die Gelegenheit, die generierten Daten für die Entwicklung komplementärer digitaler Produkte und Services zu nutzen (vgl. Obermaier und Grottke 2019, S. 731-733). Ein darauf basierendes und weit verbreitetes Geschäftsmodell der digitalisierten Wirtschaft sind *digitale Plattform Ökosysteme*: dabei wird ein Produkt zur *Plattform*[2] ausgebaut, die anderen Unternehmen und/oder Konsumenten die Möglichkeit zur Partizipation durch das Anbieten eigener Services, Produkte oder Dienstleistungen einräumt, um weitere Wertschöpfungspotenziale zu erschließen. Die Einbindung von Kunden, Lieferanten und sonstigen Partnern schafft somit einen zweiseitigen Markt (vgl. Hein u. a. 2020).

---

[2] Beispielsweise Betriebssysteme für Mobilgeräte, Blockchain-Technologien oder Dienste wie Uber oder Airbnb

Die Digitalisierung der Geschäftsmodelle, Produkte und Dienstleistungen stellen das Controlling zunächst vor die gleichen Aufgaben wie für die Wertschöpfungsprozesse: strategische Ziele müssen erarbeitet, die Umsetzung und der ökonomische Wert digitaler Services und Produkte mess- und steuerbar gemacht werden. Um planerisch tätig zu werden und die Entwicklung der digitalisierten Produkte systematisch begleiten zu können, muss das Controlling seine Perspektive um die der Kunden (als Konsumenten und Prosumenten) erweitern und ein tieferes Verständnis für das neue Marktumfeld aufbauen, das durch den technologischen Fortschritt und immer kürzere Produktlebenszyklen geprägt ist (vgl. Obermaier und Grottke 2019, S. 731-733; Hess 2022, S. 32-33). Diese Volatilität und Dynamik des Marktes macht es notwendig das Instrumentarium zur Messung und Steuerung der Wirtschaftlichkeit digitalisierter Geschäftsmodelle zu erweitern. Unternehmen müssen agil auf Änderungen reagieren können, um wettbewerbsfähig zu bleiben. Klassische Steuerungsinstrumente des Controllings müssen durch agilere Methoden wie Objectives and Key Results ersetzt werden, um die Reaktionsgeschwindigkeit des Unternehmens auf Marktänderungen zu erhöhen. Darüber hinaus bietet der Einsatz digitaler Vertriebskanäle (z.B. Webshops und Social Media) dem Controlling eine Datenquelle für neuartige Kennzahlen wie den Net-Promoter-Score oder Conversion Rates, mit denen der Produkterfolg messbar gemacht werden kann (vgl. Keimer und Egle 2020b, S. 4-5; Hess 2022, S. 96).

3.2.2. Digitalisierung des Controllings

Die im vorhergehenden Kapitel erläuterten Effekte der Digitalisierung auf Wertschöpfungsprozesse und Geschäftsmodelle von Unternehmen haben deutlich gemacht, dass zur ökonomischen Bewertung der Digitalisierung eine Anpassung der Werkzeuge und Methoden des Controllings erforderlich ist. Dabei muss das Potenzial der Digitalisierung auch im Controlling selbst genutzt werden. Schäffer und Weber (2016, S. 9-10) betonen, dass es sich hierbei nicht um den bloßen Einsatz neuer Software oder Automatisierungsthemen dreht, sondern dass sich die Kernaufgaben des Controllings radikal verändern werden. Als zentrale Herausforderungen der Digitalisierung werden **Datenmanagement, Self-Controlling, agile Unternehmenssteuerung, Effizienz im Controlling, Business Partnering** und **Analytics** genannt.

Die Notwendigkeit, das Datenmanagement als zentrale Aufgabe des Controllings in seiner Eigenschaft als datengetriebene Unternehmensfunktion zu etablieren, ist offensichtlich. Die Digitalisierung führt, unter anderem durch die zunehmende Vernetzung, zu einer enormen Menge an Daten in den unterschiedlichsten Formaten, die tagtäglich in digitaler Form in allen

Unternehmensbereichen erzeugt, gespeichert und verarbeitet werden. Um das Potenzial dieser Daten erschließen zu können, muss sowohl die Qualität und Konsistenz des Datenbestandes als auch die Kompatibilität verschiedener Daten- und Analysemodelle sichergestellt werden. Hierbei stellt sich auch die Frage, inwieweit die Verantwortung für die Daten aus den Fachabteilungen auf das Controlling übergehen soll. In diesem Kontext tritt das Controlling in Konkurrenz mit der im Entstehen begriffenen Unternehmensfunktion des Data Science Centers, das sich mit der wertschöpfenden Verwendung der Datenbestände befasst (vgl. Schäffer und Weber 2016, S. 10).

Unter Self-Controlling verstehen Schäffer und Weber (vgl. 2016, S. 10-11) die Entwicklung des Controllings weg von der Rolle des zentralen Datenversorgers mit einer starren Reporting-Struktur hin zu einem Treiber einer Self-Service-Kultur. Das Management soll dazu befähigt werden, relevante Steuerungsinformationen in Echtzeit selbst aus den Systemen beziehen zu können, beispielsweise durch Dashboards oder Apps. Auf den ersten Blick scheint diese Entwicklung widersinnig, da die Position des Controllings eine augenscheinliche Schwächung erfährt. Im Self-Controlling-Kontext eröffnen sich jedoch neue Aufgaben für das Controlling: die verfügbaren Inhalte und Reportings müssen aktiv selektiert und gepflegt werden. Gleichzeitig muss das Controlling ein entsprechendes Mindset im Management nähren, damit Self-Controlling mehrwertstiftend eingesetzt werden kann (vgl. Hastenteufel, Schuster, und Kiszka 2022, S. 4).

Wie bereits im vorherigen Kapitel erwähnt, machen die Herausforderungen der VUCA-Umwelt eine agile Unternehmenssteuerung notwendig. Dabei müssen die Prozesse des Controllings mit der Geschwindigkeit bereits digitalisierter Wertschöpfungsprozesse mithalten können. Es findet ein „*Paradigmenwechsel* von reaktiv-analytischen zu proaktivprognostizierenden Prozessen" (Wolf und Heidlmayer 2022, S. 11) statt. Effizienzsteigerungen sind dabei durch Automatisierung, Standardisierung und den Einsatz von Schlüsseltechnologien wie Big Data Analytics und Business-Intelligence-Systemen zu erreichen (vgl. Keimer und Egle 2020a, S. 2). Insbesondere die Forecasting-Tätigkeiten müssen automatisiert werden, um Steuerungsprozesse agiler zu gestalten und Kapazitäten im Controlling freizusetzen (vgl. Schäffer und Weber 2016, S. 11-12). Diese Effizienzsteigerung der operativen Controllingprozesse begünstigt die notwendige Anpassung der Zeithorizonte von Planungs- und Steuerungszyklen und dem Budgeting an das agile Umfeld (vgl. Hastenteufel, Schuster, und Kiszka 2022, S. 4).

Automatisierung und Effizienzsteigerung im Kontext der agilen Steuerung und des Self-Service führen bereits zu einer Freisetzung vorher gebundener Kapazitäten im Controlling. Durch den

Einsatz neuer Technologien und die Standardisierung bestehender Prozesse lässt sich der Automatisierungsgrad im Sinne der Rationalisierung zusätzlich steigern. Insbesondere die Erstellung maßgeschneiderter Analysen und Reportings durch das Controlling muss auf den Prüfstand gestellt werden: sind diese wirklich notwendig oder dienen sie nur der Befriedigung persönlicher Präferenzen der Stakeholder? Eine solche Effizienzsteigerung im Controlling führt zwangsweise zu einer Verschiebung der Controllertätigkeiten (vgl. Schäffer und Weber 2016, S. 12-13; Wolf und Heidlmayer 2022, S. 11).

Der Aspekt des Business Partnering ist eine logische Konsequenz der Digitalisierung der Controllingfunktion. Durch Automatisierung freigewordenen Kapazitäten können genutzt werden, um das Controlling vermehrt auf die Steuerung der digitalen Transformation des Unternehmens zu fokussieren. Dabei muss nicht nur die Transformation der Geschäftsmodelle und die Schwerpunktsetzung der Wertschöpfungsprozesse konstruktiv-kritisch begleitet, sondern auch eine „Kultur des offenen Informationsaustauschs" (Schäffer und Weber 2016, S. 14) etabliert werden.

Um wertschöpfend mit Big Data im Controlling umgehen zu können, bedarf es des Aufbaus bzw. der Vertiefung des Methoden- und Kompetenzkatalogs im Controlling. Neben statistischen Methoden muss der Umgang mit Anwendungen aus dem Feld Business Analytics und Data Science gestärkt werden (vgl. Hastenteufel, Schuster, und Kiszka 2022, S. 5). Dabei ist ein tiefes praktisches Wissen weniger relevant als mehr das Verständnis für die Bandbreite der Anwendungen und Techniken aus dem Bereich Data Science, sofern im Unternehmen Data Science Center etabliert sind. Das Controlling fungiert in diesem Szenario als Bindeglied zwischen der technisch-analytischen Welt der Data Science und der Business-Sicht des Managements (vgl. Schäffer und Weber 2016, S. 14-15).

3.3.   Kompetenzen und Aufgaben des modernen Controllers

Die bisher aufgezeigten Auswirkungen der Digitalisierung auf die Kernprozesse des Controllings stellen den Controller vor neue Herausforderungen, bieten aber auch Chancen zur Weiterentwicklung seiner Rolle im Unternehmen. Nach Schäffer und Weber (vgl. 2016, S. 9-16) gehören Kompetenzen im Umgang mit neuen IT-Tools aus dem Bereich Data Science, Statistik und Big Data Analytics ebenso zum neuen Skillset des Controllers wie proaktive Kommunikation und ein ausgeprägtes Wissen im Bereich der digitalen Wirtschaft. Zusätzlich muss der Controller aus traditionellen Denkmustern ausbrechen: eine Öffnung für die Herausforderungen der VUCA-

Umwelt erfordert ein agiles Mindset, das auf kurze Planungshorizonte und den Umgang mit strategischen sowie operativen Unsicherheiten ausgelegt ist.

Keimer und Egle (2020b, S. 13) nennen analog ein Kompetenzprofil des „Digital Controllers", der Controlling-Fachwissen mit allgemeinem Business-Wissen, Data Science, IT-Management sowie einer persönlichen Leistungskultur verbindet, die geprägt ist von Eigeninitiative, hoher Resilienz, Teamfähigkeit und proaktiver Kommunikation.

Hastenteufel, Schulz und Kiszka (vgl. 2022, S. 1-10) betonen die Kompetenzentwicklung zum Experten und Innovationstreiber der Digitalisierung im Unternehmen. Der Controller erfüllt damit die Rolle eines „Change-Agents", der die Wandlung der Unternehmenskultur vorantreibt und an der Unternehmens- und Datenstrategie des Unternehmens arbeitet (vgl. Abée, Andrae, und Schlemminger 2020, S. 17).

Koch und Storm (vgl. 2020, S. 40) stützen diese Ansichten und sehen die Zukunft des Digital Controllers in einer aufgewerteten Business-Partner-Rolle, die sich „durch eine intensivere und qualitativ höherwertige Beratung des Managements auszeichnet" (ebd.).

Obermaier und Grottke sehen eine Veränderung des Mindsets „in Richtung eines rationalitätssichernden, methodenkritischen Nutzers von neuen Datenerfassungs-, -analyse, und Automatisierungstechniken" (2019, S. 747) als notwendig an. Weiterhin ergibt sich Potenzial für die Rolle eines „Submanagers", der die Fülle an automatisch erzeugten Analysen auf inhaltliche Qualität prüft, nach Relevanz für strategische Entscheidungen selektiert, mit zusätzlichem betriebswirtschaftlichem Wissen anreichert und so die strategische Entscheidungsfindung durch die Verringerung von Komplexität und Unsicherheit erleichtert (ebd.).

4. Fazit und Ausblick

Wie das vorliegende Assignment zeigt, sind Unternehmen einem hohen Änderungsdruck durch die Digitalisierung und dem VUCA-Umfeld unterworfen. Um konkurrenzfähig zu bleiben, müssen sie Prozesse und Geschäftsmodelle digitalisieren. Dieser Umstand führt zu innovativen Wertschöpfungsprozessen, die mit den klassischen Methoden und Ansätzen des Controllings nur unzureichend erfasst werden können. Das Controlling steht vor der Herausforderung, neuartige Systeme zur Informationsversorgung, Planung und Kontrolle dieser Prozesse zu entwickeln, wohlwissend, dass diese in einer komplexen Umwelt schnell veralten können. Idealerweise sind diese neuen Methoden auf kurze Zeithorizonte ausgerichtet, agil und anpassungsfähig statt träge und starr. Dabei muss das Controlling den Blick auch auf die eigene Abteilung richten und sich selbst digitalisieren. Dem Controller wird in diesem Szenario die Aufgabe zuteil, aktiv die Entwicklung einer Digitalstrategie voranzutreiben und die Wirtschaftlichkeit und den Zielerreichungsgrad der Digitalisierung messbar zu machen. Neben einem breiten Katalog an neuen Kompetenzen muss der Controller eine neue Offenheit für Veränderung althergebrachter Prozesse, Methoden und Technologien entwickeln und den Kulturwandel hin zum „Digital Mindset" (Keimer und Egle 2020b, S. 5) vollziehen. Sollte ihm das nicht gelingen, droht dem Controller durch die Automatisierung seiner klassischen Aufgaben ein Bedeutungsverlust und er könnte von Berufsbildern wie dem (Business) Data Scientist oder dem Business Analyst verdrängt werden, für die der Weg zum Controller kürzer ist als umgekehrt (vgl. Wolf und Heidlmayer 2022, S. 14; Goerke und Seif 2019; Schäffer und Weber 2018). Macht er sich die Technologien jedoch zu eigen und weiß diese zur Ergänzung seiner Aufgaben einzusetzen, kann er die neugewonnenen Kapazitäten zur Stärkung seiner Rolle im Unternehmen einsetzen und sich zum „Business Partner 2.0" (Wolf und Heidlmayer 2022, S. 13) weiterentwickeln. Ob das Controlling als Unternehmensfunktion in seiner gegenwärtigen Form fortbestehen wird oder ob sich eine Fusion mit dem Data Science Center vollzieht, ist eine Frage für die zukünftige Forschung.

Literaturverzeichnis

Abée, Stephan, Silvio Andrae, und Ralf B. Schlemminger. 2020. *Strategisches Controlling 4.0: wie der digitale Wandel gelingt.* Essentials. Wiesbaden [Heidelberg]: Springer Gabler. https://doi.org/10.1007/978-3-658-30026-5.

Behringer, Stefan. 2018. *Controlling.* Studienwissen kompakt. Wiesbaden [Heidelberg]: Springer Gabler. https://doi.org/10.1007/978-3-658-18380-6.

Bendel, Prof Dr Oliver. o. J. „Definition: Industrie 4.0". Text. https://wirtschaftslexikon.gabler.de/definition/industrie-40-54032. Springer Fachmedien Wiesbaden GmbH. Zugegriffen 29. Juli 2023. https://wirtschaftslexikon.gabler.de/definition/industrie-40-54032.

Binder, Ursula. 2022. *Schnelleinstieg Controlling: verständlich und praxisnah auf den Punkt gebracht.* 7., Überarbeitete und Erweiterte Auflage. Freiburg München Stuttgart: Haufe Group.

Bleiber, Reinhard. 2022. *Crashkurs controlling: Grundlagen und Instrumente.* 2. Auflage. Freiburg München Stuttgart: Haufe Group.

———. o. J. „Controlling – ControllingWiki". Zugegriffen 22. Juli 2023. https://www.controlling-wiki.com/de/index.php/Controlling.

„Controlling - mehr als Kontrolle". 2023. Kostenmanagement. 16. Mai 2023. https://www.wiin-kostenmanagement.de/controlling/.

Georgopoulos, Anastasios, und Stefan Georg. 2021. *Anforderungen an das Controlling: Auswirkungen von Big Data und Digitalisierung auf das zukünftige Kompetenzprofil des Controllers.* Wiesbaden [Heidelberg]: Springer Gabler. https://doi.org/10.1007/978-3-658-34938-7.

Goerke, Marcus, und Heiko Seif. 2019. „Der Business Data Scientist". *Controller Magazin*, Nr. 44 (1): 36–39.

Grosdidier, Selina. 2023. „ChatGPT: Das kann der Chatbot mit der künstlichen Intelligenz". Chip.de. 21. März 2023. https://praxistipps.chip.de/chatgpt-das-kann-chatbot-mit-kuenstlicher-intelligenz_153781.

Hastenteufel, Jessica, Thomas Schuster, und Sabrina Kiszka. 2022. „Controlling 4.0 – Herausforderungen der Digitalisierung für das Controlling und daraus resultierende Veränderungen des Berufsbilds von Controller:innen". In *Digitale Transformation im Controlling: Praxisorientierte Lösungsansätze und Chancen für Unternehmen*, herausgegeben von Jessica Hastenteufel, Susanne Theresia Weber, und Thomas Röhm, 1–12. Wiesbaden [Heidelberg]: Springer Gabler.

Hastenteufel, Jessica, Susanne Theresia Weber, und Thomas Röhm, Hrsg. 2022. *Digitale Transformation im Controlling: Praxisorientierte Lösungsansätze und Chancen für Unternehmen.* Wiesbaden [Heidelberg]: Springer Gabler.

Hein, Andreas, Maximilian Schreieck, Tobias Riasanow, David Soto Setzke, Manuel Wiesche, Markus Böhm, und Helmut Krcmar. 2020. „Digital Platform Ecosystems". *Electronic Markets* 30 (1): 87–98. https://doi.org/10.1007/s12525-019-00377-4.

Hess, Thomas. 2022. *Digitale Transformation strategisch steuern: vom Zufallstreffer zum systematischen Vorgehen.* 2., Überarbeitete und Erweiterte Auflage. Wiesbaden, Germany [Heidelberg]: Springer Gabler. https://doi.org/10.1007/978-3-658-36187-7.

Hubert, Boris. 2019. *Grundlagen des operativen und strategischen Controllings: Konzeptionen, Instrumente und ihre Anwendung.* 2., Überarbeitete Auflage. Lehrbuch. Wiesbaden [Heidelberg]: Springer Gabler. https://doi.org/10.1007/978-3-658-23006-7.

ICV. 2013. „Leitbild". Internationaler Controller Verein eV. 2013. https://www.icv-controlling.com/de/verein/leitbild.html.

Keimer, Imke, und Ulrich Egle, Hrsg. 2020a. *Die Digitalisierung der Controlling-Funktion: Anwendungsbeispiele aus Theorie und Praxis.* Wiesbaden [Heidelberg]: Springer Gabler.

———. 2020b. „Digital Controlling – Grundlagen für den erfolgreichen digitalen Wandel im Controlling". In *Die Digitalisierung der Controlling-Funktion: Anwendungsbeispiele aus Theorie und Praxis*, herausgegeben von Imke Keimer und Ulrich Egle, 1–16. Wiesbaden [Heidelberg]: Springer Gabler.

Koch, Rosemarie, und Lisa Storm. 2020. „Controller 4.0: Die Rolle des Controllers im digitalen Zeitalter." *Zeitschrift Führung und Organisation* 89 (1): 38–42.

Langes, Barbara, und Andreas Boes. o. J. „Digitalisierung | bidt". *bidt DE* (blog). Zugegriffen 27. Juli 2023. https://www.bidt.digital/glossar/digitalisierung/.

Mayr, Albert. 2022. „Veränderungen im Kostenmanagement durch die Digitalisierung". In *Controlling - Aktuelle Entwicklungen und Herausforderungen: Digitalisierung, Nachhaltigkeit und Spezialaspekte*, herausgegeben von Birgit Feldbauer-Durstmüller und Stefan Mayr, 2., bearbeitete Auflage, 103–24. Wiesbaden [Heidelberg]: Springer Gabler. https://doi.org/10.1007/978-3-658-35169-4.

Mödritscher, Gernot, und Friederike Wall. 2022. „Controlling und Digitalisierung – Änderungen im Kompetenzprofil". In *Controlling - Aktuelle Entwicklungen und Herausforderungen: Digitalisierung, Nachhaltigkeit und Spezialaspekte*, herausgegeben von Birgit Feldbauer-Durstmüller und Stefan Mayr, 2., bearbeitete Auflage, 43–56. Wiesbaden [Heidelberg]: Springer Gabler. https://doi.org/10.1007/978-3-658-35169-4.

Nasca, Deborah, Jan Christoph Munck, und Ronald Gleich. 2019. „Quo Vadis Controlling? Einfluss der Digitalen Transformation auf die Controlling-Hauptprozesse". *Controller Magazin*, Nr. 44 (1): 78–80.

Obermaier, Robert. 2022. „Controlling und digitale Transformation: Eine Analyse wechselseitiger Gestaltungschancen und Spannungsfelder". In *Controlling - Aktuelle Entwicklungen und Herausforderungen: Digitalisierung, Nachhaltigkeit und Spezialaspekte*, herausgegeben von Birgit Feldbauer-Durstmüller und Stefan Mayr, 2., bearbeitete Auflage, 77–102. Wiesbaden [Heidelberg]: Springer Gabler. https://doi.org/10.1007/978-3-658-35169-4.

Obermaier, Robert, und Markus Grottke. 2019. „Controlling in einer Industrie 4.0 – Chancen und Herausforderungen für die Unternehmenssteuerung". In *Handbuch Industrie 4.0 und digitale Transformation: betriebswirtschaftliche, technische und rechtliche Herausforderungen*, herausgegeben von Robert Obermaier, 723–52. Wiesbaden [Heidelberg]: Springer Gabler. https://doi.org/10.1007/978-3-658-24576-4.

OECD. 2019. „OECD Employment Outlook 2019". https://www.oecd-ilibrary.org/content/publication/9ee00155-en.

Schäffer, Utz, und Jürgen Weber. 2016. „Die Digitalisierung wird das Controlling radikal verändern". *Controlling & Management Review* 60 (6): 6–17. https://doi.org/10.1007/s12176-016-0093-9.

———. 2018. „Die Controlling Community muss sich öffnen!" *Controlling & Management Review* 62 (6): 8–11. https://doi.org/10.1007/s12176-018-0035-9.

Seufert, Andreas, Jörg Engelbergs, Matthias von Daacke, und Ralph Treitz. 2019. „Digitale Transformation und Controlling". *Controller Magazin*, Nr. 44 (1): 4–12.

Webb, Michael. 2020. „The Impact of Artificial Intelligence on the Labor Market", Januar. https://ssrn.com/abstract=3482150.

Weber, Prof Dr Dr h c Jürgen. 2018. „Controller-Magazin-Kolumne: Kennen Kostenrechner das Geschäft besser als die Controller?" Haufe.de News und Fachwissen. 19. November 2018. https://www.haufe.de/controlling/controllerpraxis/kennen-kostenrechner-das-geschaeft-besser-als-controller_112_478208.html.

———. o. J. „Definition: Controlling". Text. https://wirtschaftslexikon.gabler.de/definition/controlling-30235. Springer Fachmedien Wiesbaden GmbH. Zugegriffen 18. Juni 2023. https://wirtschaftslexikon.gabler.de/definition/controlling-30235/version-370809.

Wolf, Tanja, und Melanie Heidlmayer. 2022. „Die Auswirkung der Digitalisierung auf die Rolle des Controllers". In *Controlling - Aktuelle Entwicklungen und Herausforderungen: Digitalisierung, Nachhaltigkeit und Spezialaspekte*, herausgegeben von Birgit Feldbauer-Durstmüller und Stefan Mayr, 2., bearbeitete Auflage, 3–28. Wiesbaden [Heidelberg]: Springer Gabler. https://doi.org/10.1007/978-3-658-35169-4.

Wullenkord, Axel. 2018. „Künstliche Intelligenz im Controlling und Rechnungswesen". In *Erfolgreiches Controlling: Theorie, Praxis und Perspektiven: Prof. Dr. Thomas Reichmann zum 80.*

Geburtstag, herausgegeben von Andreas Wiesehahn, Martin Kißler, und Thomas Reichmann, 1. Auflage, 113–30. Baden-Baden: Nomos.

Zahoran, Pavol, und Ondrej Zizlavsky. 2021. „CONTROLLING IN ERA OF INDUSTRY 4.0: OPPORTUNITIES FOR BUSINESSES IN THE FIELD OF THE INTRODUCTION OF NEW TECHNOLOGIES". *Problems of Management in the 21st Century* 16 (2): 122–34. https://doi.org/10.33225/pmc/21.16.122.